Tranducido por Javier Benéitez Moreno

SÓLO EL LIBRO: ISBN 0-634-01313-0
LIBRO/CD: ISBN 0-634-08881-5

HAL•LEONARD® CORPORATION
7777 W. BLUEMOUND RD. P.O. BOX 13819 MILWAUKEE, WI 53213

Visit Hal Leonard Online at
www.halleonard.com

EL ACORDE DE Am

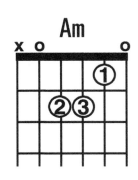

Am

Practica los cambios de acorde de los siguientes ejemplos. Toca despacio y con un ritmo uniforme de forma que no exista tensión entre los acordes.

1 | Am | G | Am | G |

2 | Am | Em | Am | Em |
continúa con el patrón de rasgueado

3 | C | Am | C | G |
continúa con el patrón de rasgueado

 **NOTAS DE AFINACION**
PISTA 1

PISTA 2

SINNER MAN

Tradicional

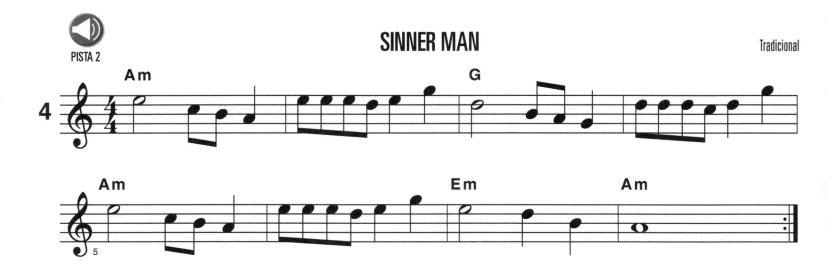

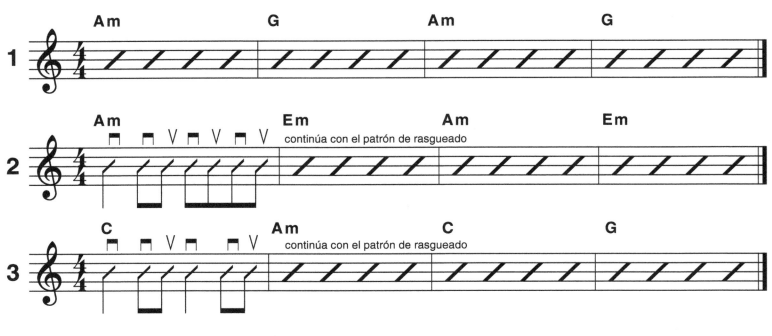

NEGRAS CON PUNTILLO

Ya debes saber que un puntillo situado detrás de una nota aumenta la mitad de su valor.

Un puntillo situado detrás de una negra también aumenta la mitad de su valor.

Practica los siguientes riffs, que utilizan negras con puntillo.

EL ACORDE DE Dm

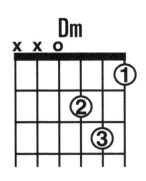

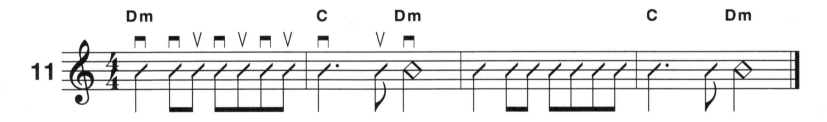

SILENCIO DE NEGRA

El silencio que equivale a la duración de una negra es así:

$$\eighthnote = \quad \gamma$$

Puedes hacer dos cosas, levantar los dedos de la mano izquierda de las cuerdas o apagar el sonido de las cuerdas con tu mano derecha.

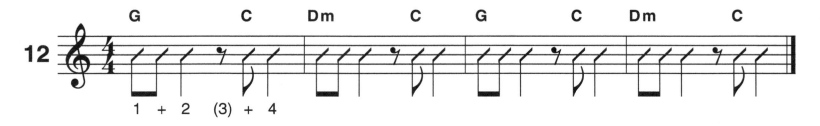

4

SÍNCOPAS

Una **síncopa** es acentuar o tocar con más fuerza las notas que caen en los "y" del compás. El acento puede ser consecuencia de agrupar corcheas o de colocar negras a contratiempo.

Usa un ataque alternado durante todo el ejercicio. Cuando veas un número entre paréntesis, simplemente no ataques la cuerda, deja que suene. Al hacer esto tocarás un patrón sincopado con la técnica de púa alternada.

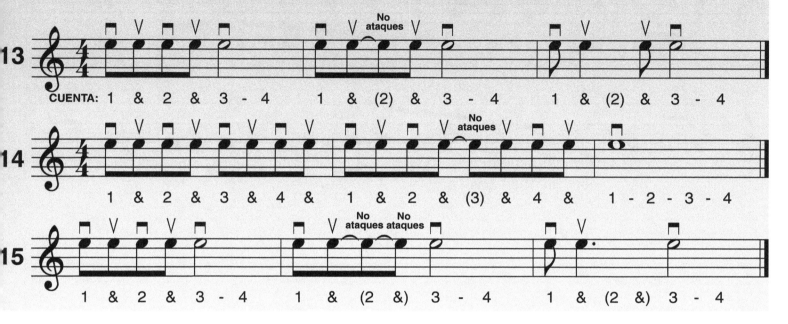

Ahora tienes dos patrones sincopados de rasgueado muy habituales. Practica utilizando distintos acordes.

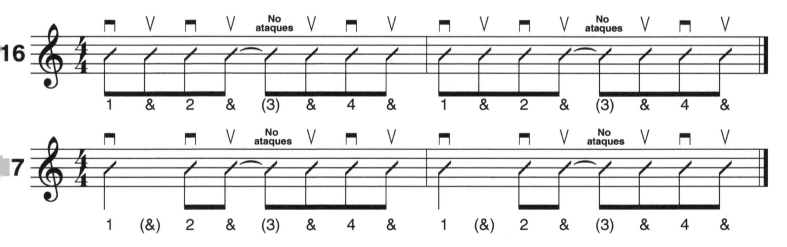

JOSHUA FOUGHT THE BATTLE OF JERICHO

Canto Espiritual Afro-Americano

PISTA 3
LENTO/RAPIDO

Primero toca la melodía, luego canta mientras rasgueas los acordes de la siguiente canción.

PISTA 4
LENTO/RAPIDO

ROCK-A-MY SOUL

Canto Espiritual Afro-Americano

19 G

Rock - a - my soul in the bos - om of A - bra - ham,

D7   G

rock -a -my soul in the bos -om of A - bra - ham, rock -a -my soul in the

        D7   G

bos - om of A - bra - ham, oh, rock - a - my soul.

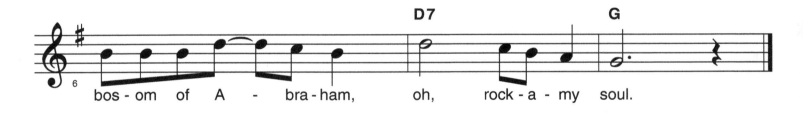

20 Em   G   D   Em   G   D

En el siguiente ejemplo debes de aflojar la presión de los dedos de la mano izquierda cuando aparezca un silencio de corchea.

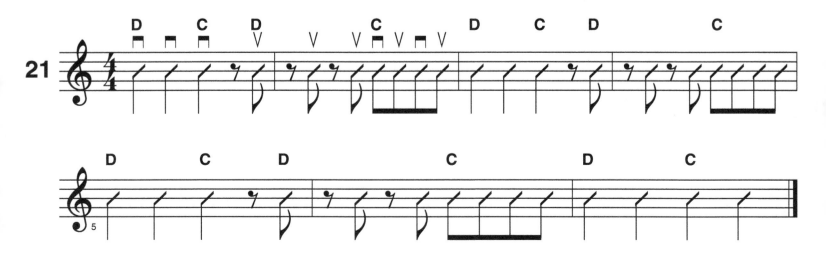

21 D C D   C   D C D   C

D   C   D   C   D   C

JAMAICA FAREWELL

Tradicional Caribeña.

PISTA 5
LENTO/RAPIDO

EL ACORDE DE A

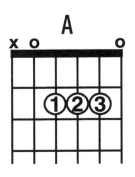

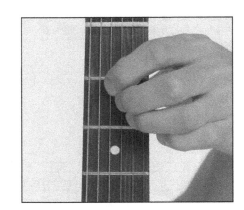

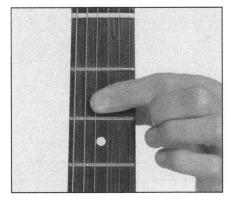

Digitación alternativa
(La primera cuerda no suena)

En el siguiente ejemplo, intenta apagar las cuerdas en cada silencio con los dedos de la mano izquierda.

Aquí tienes otro efecto de apagado del sonido. Cuando rasguees el acorde silenciado (X), toca las cuerdas con la palma un momento antes atacarlas con la púa.

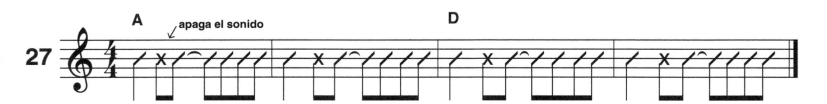

El **tono** es otra forma de denominar a la tonalidad principal de una canción. Las canciones generalmente acaban con la nota de su tonalidad. Hasta ahora hemos tocado en las tonalidades de C (sin sostenidos ni bemoles) y G (un sostenido).

TONALIDAD DE D

La tonalidad de D cuenta con dos sostenidos F y C. Todas las notas F y C deben tocarse medio tono (un traste) más agudo.

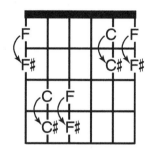

PISTA 6

OH, MARY DON'T YOU WEEP

Espiritual Tradicional

Estrofa

If I could— I sure-ly would,— stand on the rock where the Mo-ses stood.—

Pha-raoh's ar - my got— drown - ded, oh, Ma - ry don't you weep.

Estribillo

Oh, Ma - ry don't you weep, don't you mourn, Oh, Ma - ry don't you weep, don't you mourn.

Pha-roah's ar - my got— drown - ded, oh, Ma - ry don't you weep.

RUTINA DE TRABAJO PARA EL MEÑIQUE

Fortalece los músculos de tu meñique tocando estos ejercicios.

El signo de **becuadro** (♮) anula los sostenidos de la tonalidad durante lo que reste del compás.

PISTA 7

DE COLORES

Canción Folk. Mejicana.

29

All _____ the col - ors, all the col-ors that bloom in the
De _____ co - lo - res, de co - lo - res se vis - ten los

mead-ows are col-ors of spring - time. _____
cam - pos en la pri - ma - ve - ra. _____

All _____ the col - ors, all the col-ors that dance in the
De _____ co - lo - res, de co - lo - res son los pa - ja -

sky are the col-ors of rain - bows. _____
ri - tos que vie-nen de a fue - ra. _____

All _____ the col - ors, all the col-ors of na-ture spring
De _____ co - lo - res, de co - lo - res es el ar - co

forth to make my heart sing. Then I know why the col - ors of
i - ris que ve-mos lu - cir, y por e - so los gran-des a -

spring-time are bring-ing me joy and a heart full of love.
mo - res de mu-chos co - lo-res me gus-tan a mí.

MARCAS FINALES

La siguiente canción cuenta con dos marcas finales indicadas con los números 1 y 2 que aparecen entre paréntesis.

Cuando llegues al signo de repetición (:||) del primer final, debes regresar al comienzo de la canción. La segunda vez, debes saltarte el primer final e ir al segundo.

ANGELS WE HAVE HEARD ON HIGH

Carol Francesa Tradicional

An - gels we have heard on high sweet - ly sing - ing o'er the plains,

and the moun - tains in re - ply ech - o - ing their joy - ous strains.

Glo - ri - a

in ex - cel - sis de - o, in ex - cel - sis de - o.

RIFF PEGADIZO

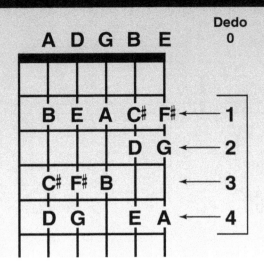

A lo largo del Libro 1 y hasta este momento en el 2, has tocado en **primera posición** con el primer dedo sobre el primer traste y el segundo dedo en el segundo, etc. El nombre de la posición del primer dedo viene determinado por su situación sobre el diapasón.

Si el primer dedo se sitúa en el segundo traste como indica el diagrama de la izquierda, estarás tocando en lo que se denomina **segunda posición**. Los dedos 2, 3 y 4 tocarán sobre los trastes 3, 4 y 5 tal y como se indica.

Observa que las notas al aire se pueden tocar en una posición alternativa sobre el diapasón.

La principal ventaja de tocar en segunda posición radica en la facilidad con que podremos digitar determinados pasajes.

Practica la siguiente canción en segunda posición utilizando tanto las notas al aire como su digitación alternativa sobre el diapasón.

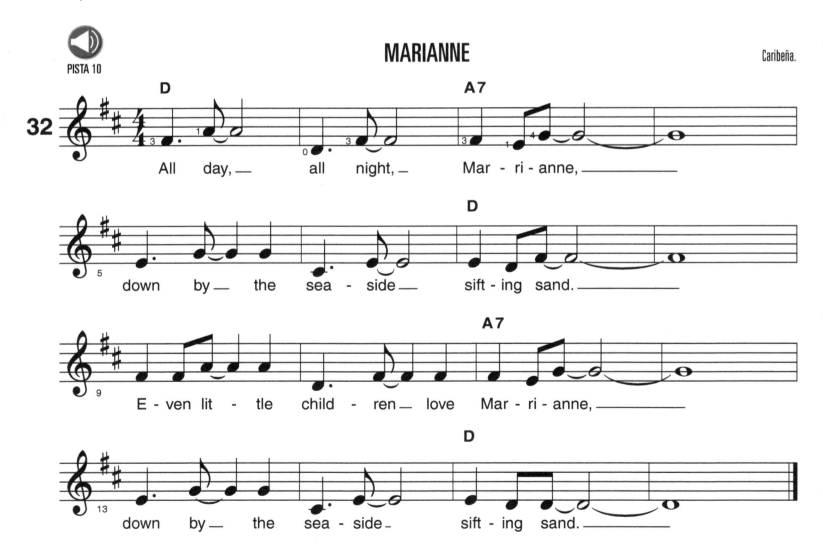

Después de tocar la melodía de "Marianne" intenta ejecutar algunos de los rasgueados sincopados que ya has aprendido. Puedes regresar a las páginas 10 y 11 para tocar esas melodías Libro en segunda posición.

Algunas canciones se desarrollan en más de una posición. La próxima pieza alterna entre la primera y segunda posición.

PISTA 11

RIFF BLUES/ROCK

LA NOTA A MÁS AGUDA

Toca esta nueva nota de A, con el dedo meñique en la segunda posición.

PISTA 12

THE WABASH CANNONBALL

Canción Hobo

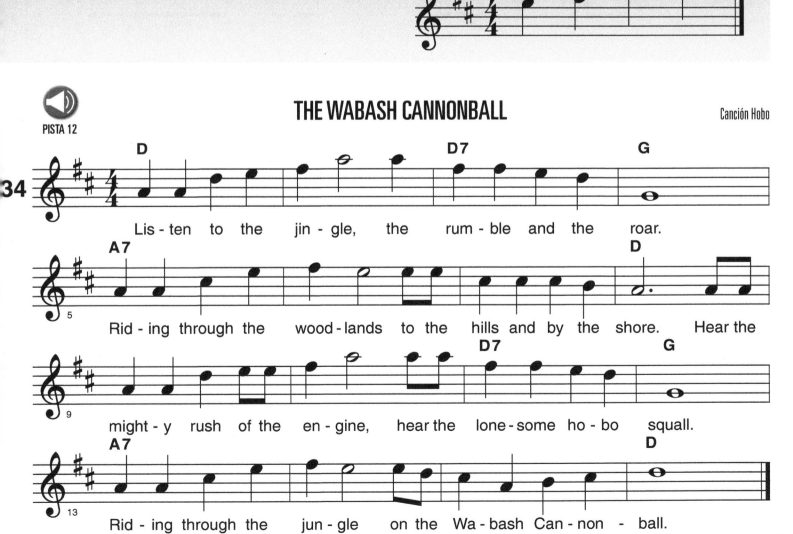

Lis - ten to the jin - gle, the rum - ble and the roar.

Rid - ing through the wood - lands to the hills and by the shore. Hear the

might - y rush of the en - gine, hear the lone - some ho - bo squall.

Rid - ing through the jun - gle on the Wa - bash Can - non - ball.

EL ACORDE DE E

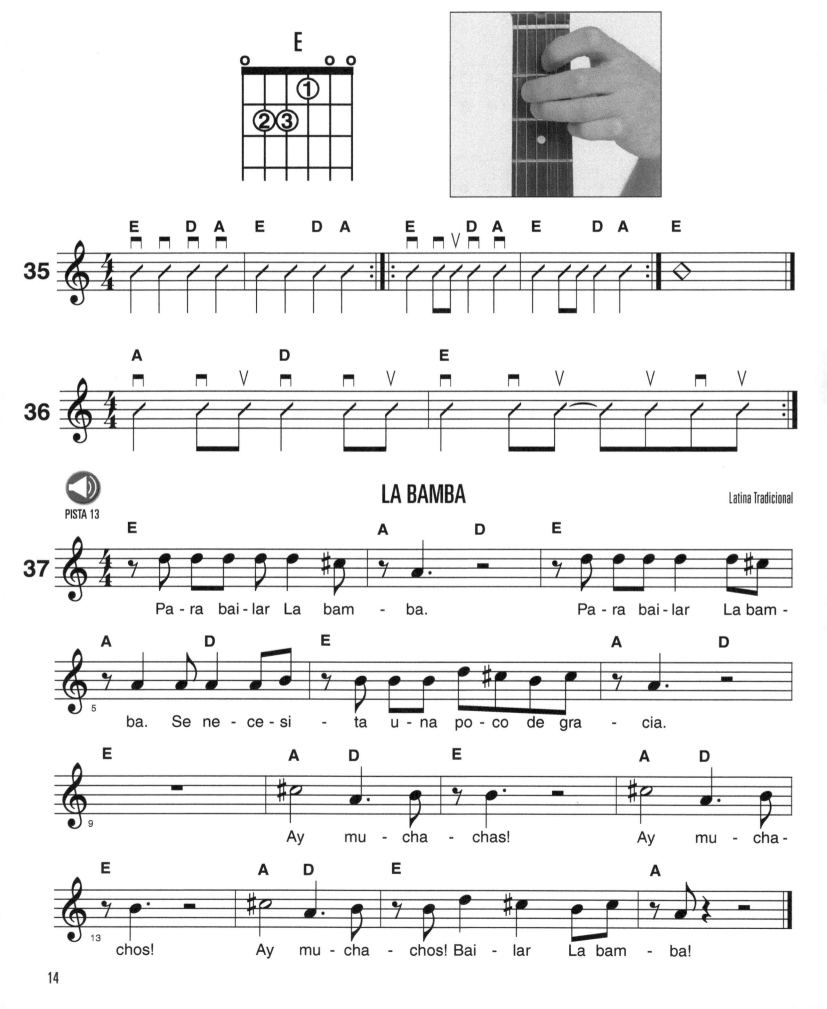

TONALIDAD DE A

La tonalidad de A cuenta con tres sostenidos, F , C y G . Estudia el diagrama inferior para aprender donde se sitúan las notas de G#.

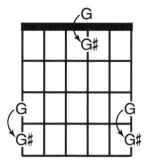

Toca "Joy to The World" en segunda posición.

PISTA 14

JOY TO THE WORLD

Handel

POWER CHORDS (ACORDES DE QUINTAS)

Los **power chords** se utilizan generalmente en la música rock y otros estilos contemporáneos. La mayor parte de los acordes cuentan con tres notas o más: los Power Chord sólo tienen dos. Fíjate que todos estos power chords, cuentan con el sufijo "5".

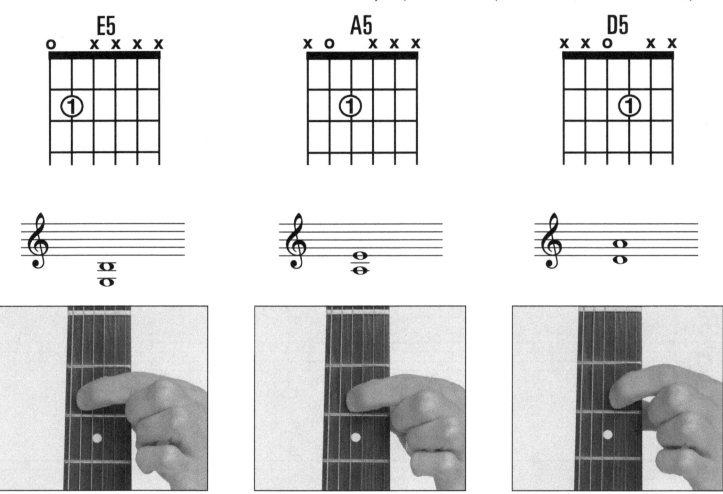

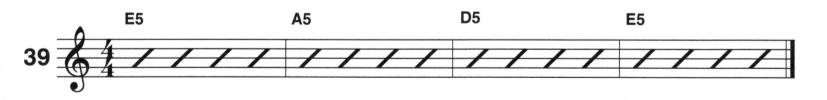

TABLATURA

La **tablatura** representa gráficamente el diapasón de una guitarra. Cada línea horizontal representa una cuerda, y cada número indica un traste.

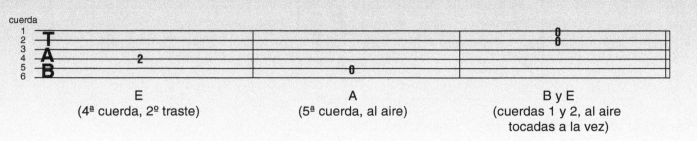

E	A	B y E
(4ª cuerda, 2º traste)	(5ª cuerda, al aire)	(cuerdas 1 y 2, al aire tocadas a la vez)

Cuentas con la misma información tanto en el pentagrama como en la tablatura. Practica leyendo ambas.

PISTA 15
LENTO/RAPIDO

GROOVE POTENTE

EL SHUFFLE

En los estilos de música tradicionales como el blues y el jazz, las corcheas se tocan de forma desigual. Toca la primera nota con el doble de duración que la segunda.

1 - 2 3
larga corta

Tocar las negras de esta forma te brindará el efecto de shuffle o "swing".

SHUFFLE CON POWER CHORDS

Practica la siguiente canción utilizando el acompañamiento del shuffle con power chords que acabas de aprender. O, toca la melodía utilizando el ritmo de shuffle.

MIDNIGHT SPECIAL

Canción de Prisión

PISTA 17

Estrofa

43

Well you wake up in the morn - ing, — hear the ding - dong ring, — Go march - ing to the ta - ble, — see the same darn thing, Knife and fork are on the ta - ble — noth-in' in my pan, — And if you say a thing a - bout it, — you're in trou - ble with the

Estribillo

man. Let the mid - night spe - cial, — shine its light on — you. —

Let the mid - night spe - cial — shine its ev - er lov - in' light on you.

PISTA 18

Intenta tocar "Midnight Special" de nuevo con un ritmo constante de rock en corcheas.

EL BLUES

La música de blues se originó a comienzos de la década de 1900 por los Afro-Americanos del Delta del Mississippi. El Blues se convirtió en un ingrediente destacado en el jazz, country, rock y otras formas de música popular.

El blues más típico cuenta con 12 compases (bars). Muchos **blues de 12 compases** siguen la progresión de acordes que se muestra más abajo. Toca el shuffle de power chords que acabas de aprender.

BLUES EN A

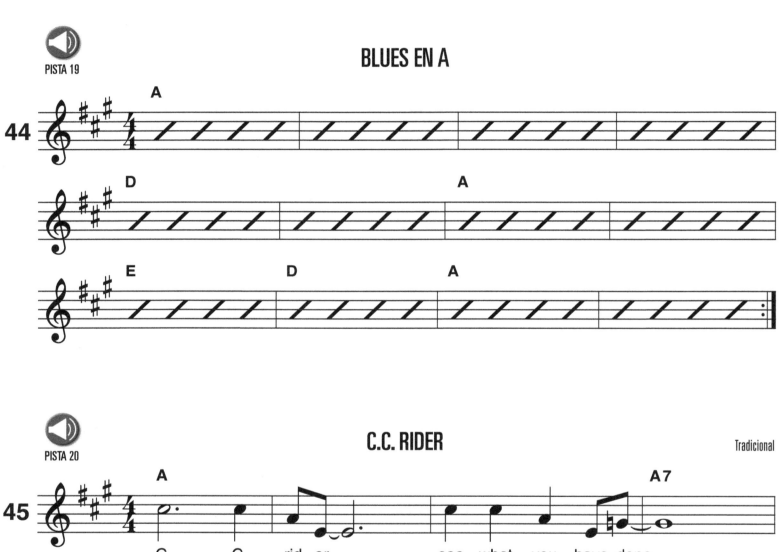

C.C. RIDER

Tradicional

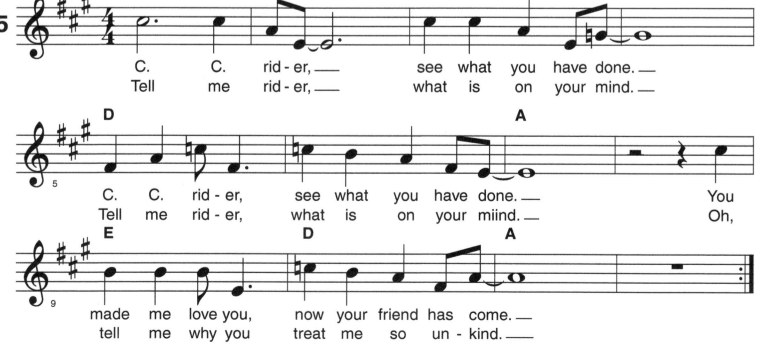

C. C. rid - er, ___ see what you have done. ___
Tell me rid - er, ___ what is on your mind. ___

C. C. rid - er, ___ see what you have done. ___ You
Tell me rid - er, ___ what is on your miind. ___ Oh,

made me love you, now your friend has come. ___
tell me why you treat me so un - kind. ___

RIFF CON SHUFFLE

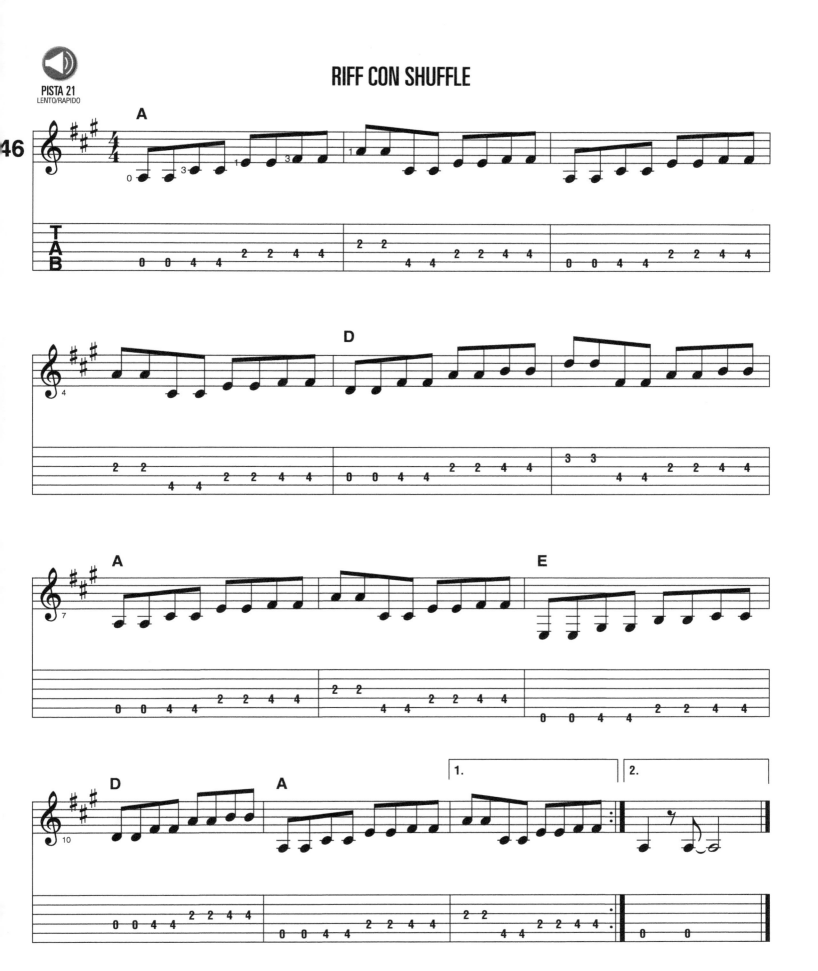

TONALIDAD DE Am

La **tonalidad de A menor** no cuenta con sostenidos ni bemoles. A menor es **la relativa menor** de C Mayor por que comparte su misma estructura. La tonalidad relativa menor siempre comienza dos notas por debajo de la Tonalidad Mayor (C-B-A).

"Wayfaring Stranger" es un conocido canto espiritual en el Sur de Estados Unidos.

Cuando se añade la nota G♯ a la escala menor natural en A, la escala resultante pasa a ser denominada **escala menor armónica**. Busca todas las notas G♯ (un traste por encima de las notas G o uno por debajo de las notas A) antes de tocar "Hava Nagila". Fíjate en que "Hava Nagila" se acelera en las repeticiones y se ralentiza en última línea.

HAVA NAGILA

Baile Israelí

PISTA 23

GUITARRA FINGERSTYLE

El término **Fingerstyle**, también denominado fingerpicking, es un estilo de acompañamiento para guitarra muy popular que utiliza **arpegios** (acordes partidos) en vez de rasguearlos. El sonido característico del fingerpicking proviene del ataque del pulgar y los dedos sobre las cuerdas.

Las letras para denominar a los dedos de la mano derecha que recoge este libro son aceptados internacionalmente y ofrece el nombre de los dedos en castellano y unas letras:

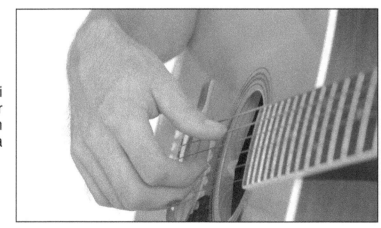

p	pulgar
i	indice
m	medio
a	anular

Sigue estos pasos para aprender a tocar con fingerpicking:

- El pulgar (p) actúa sobre las cuerdas 4, 5 y 6 dependiendo de la nota más grave o de la Tónica del acorde. Realiza un movimiento de ataque descendente. Usa la parte izquierda del pulgar y de su uña.

- El resto de los dedos (i, m, a) atacan las cuerdas en un movimiento ascendente con la yema del dedo y la uña.

- El dedo índice (i) siempre actúa sobre la 3ª cuerda.

- El dedo medio (m) siempre actúa sobre la 2ª cuerda.

- El dedo anular (a) siempre actúa sobre la 1ª cuerda.

El pulgar y cada dedo sólo debe atacar una cuerda y no hacer sonar ninguna de las otras. (Eso sería rasguear las cuerdas). Deja que las cuerdas suenen durante toda la duración del acorde.

POSICION DE LA MANO DERECHA

Coloca la muñeca alta, arquea la palma de la mano como si sostuvieses una pelota de ping-pong. Mantén alejado el pulgar de los otros dedos, y deja que los dedos hagan su trabajo en vez de desplazar toda la mano. Estudia la fotografía de la derecha.

Practica los patrones de fingerpicking que aparecen más abajo. Busca un sonido constante e igual en cada una de las cuerdas que toques.

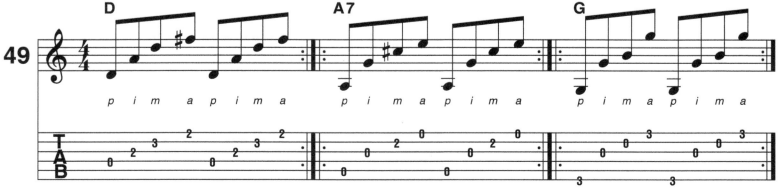

SWING LOW, SWEET CHARIOT

Espiritual Afro-Americano

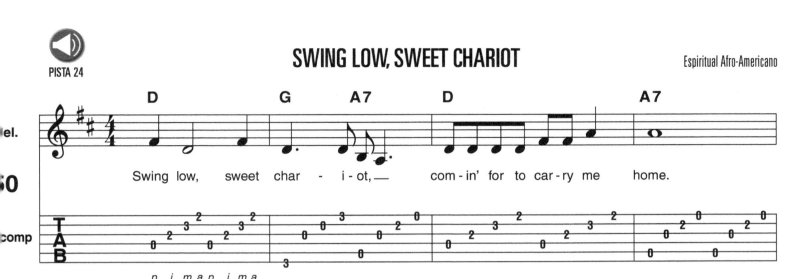

Swing low, sweet char - i - ot, — com - in' for to car - ry me home.

p i m a p i m a

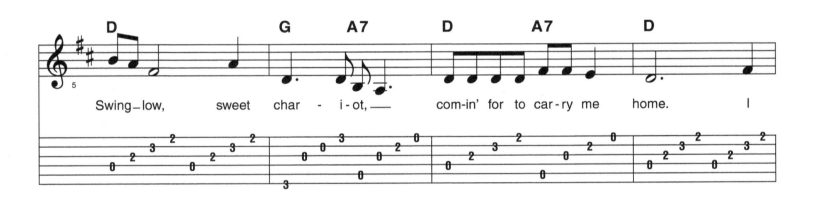

Swing — low, sweet char - i - ot, — com - in' for to car - ry me home. I

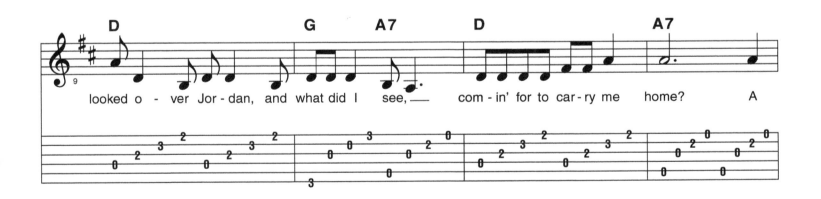

looked o - ver Jor - dan, and what did I see, — com - in' for to car - ry me home? A

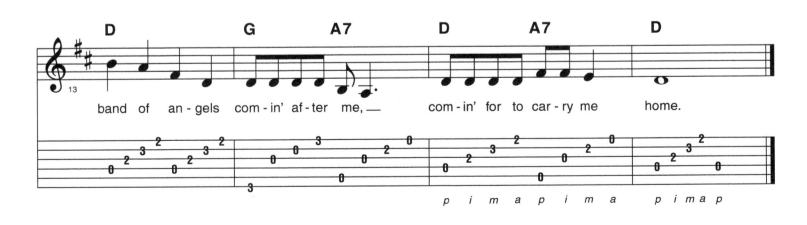

band of an - gels com - in' af - ter me, — com - in' for to car - ry me home.

p i m a p i m a   p i m a p

El patrón de fingerstyle utilizado en "Scarborough Fair" es muy utilizado en canciones con una signatura de $\frac{3}{4}$.

El acompañamiento fingerstyle de "The Water is Wide" usa dos nuevos acordes, **Bm/A** (B menor con el bajo en A) y **Dsus2** (D con la primera cuerda al aire) que son muy fáciles de tocar. Estudia los diagramas de cada acorde antes de tocar acompañamiento.

THE WATER IS WIDE

Canción Folk Inglesa.

EL ACORDE DE F

A diferencia de otros acordes que has tocado, el acorde de F tiene dos cuerdas pulsadas con el mismo dedo. El primer dedo conforma una pequeña **cejilla** sobre las cuerdas 1 y 2. Te resultará más fácil girar ligeramente el dedo de forma que las cuerdas queden presionadas por el borde externo más que con la yema del mismo.

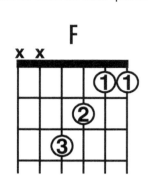

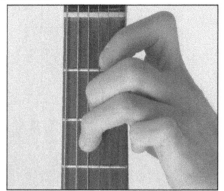

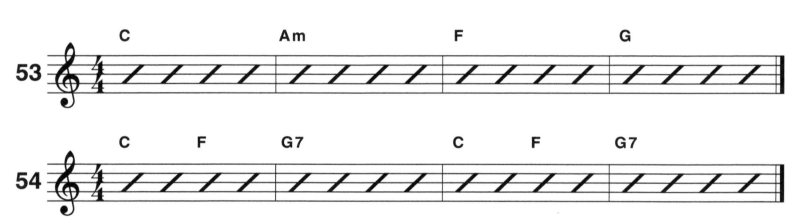

Otra opción para tocar arpegios es la de utilizar una púa. Intenta tocar con ella en la siguiente canción.

ACORDES CON PÚA

PISTA 27

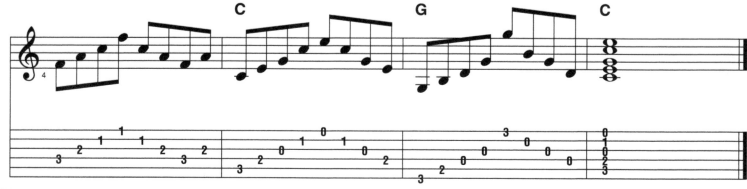

Toca el acompañamiento de "La Casa del Sol Naciente" con púa o en estilo fingerpicking.

LA CASA DEL SOL NACIENTE

Balada Americana

SOLOS A LA CARTER

Los solos a la Carter son un conocido estilo de guitarra popularizados por la leyenda de la música Country Maybelle Carter de Carter Family. La melodía se toca en las cuerdas más graves y los espacios que quedan entre ellas se rellenan con acordes parcialmente rasgueados. Enfatiza las notas de la melodía y toca los rasgueados con suavidad.

ROW, ROW, ROW YOUR BOAT

PISTA 29

Tradicional.

MAN OF CONSTANT SORROW

PISTA 30
LENTO/RAPIDO

Balada del Sur de EE.UU.

WILDWOOD FLOWER

Canción Folk Appalachan

LINEAS DE BAJO

Una **línea de bajo** es un patrón de notas que conectan las notas de bajo de dos acordes. La línea de bajo te ofrece una variedad en el acompañamiento y proporciona un tránsito suave hacia el siguiente acorde. Practica las líneas de bajo entre los acorde de C o G y D, luego toca el tema clásico de bluegrass "Goin´ Down The Road".

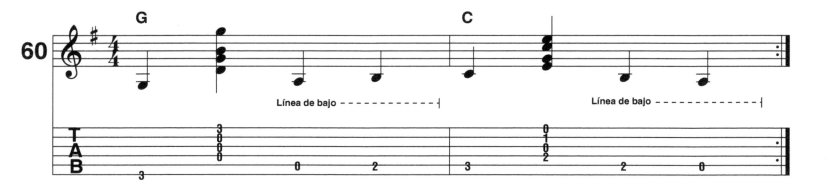

Una alternativa para el paso del acorde de G a C sustituye el rasgueado del segundo tiempo de compás por otra nota de en la línea de bajo.

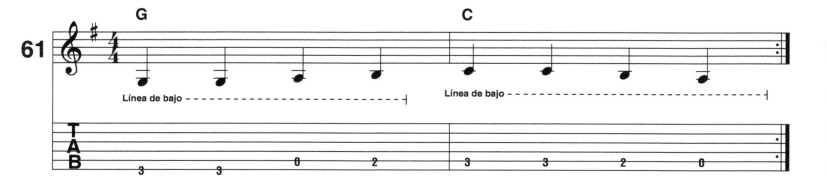

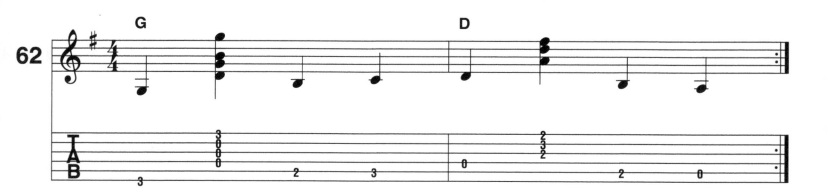

GOIN' DOWN THE ROAD

Bluegrass

2. I'm goin' where those chilly winds don't blow *(3 times)*
   I ain't gonna be treated this a-way.

3. I'm goin' where the water tastes like wine *(3 times)*
   I ain't gonna be treated this a-way.

EL ACORDE DE B7

El acorde de B7 es el primero en el que vas a utilizar los cuatro dedos de la mano izquierda. Fíjate en que los dedos situados sobre el segundo traste se sitúan en las cuerdas 1, 3 y 5. Apréndete este dibujo de memoria para que puedas cambiar rápidamente a este acorde.

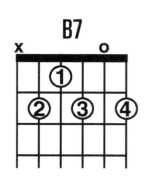

Cuando cambias desde E o Em a B7, mantén la posición del segundo dedo.

E   B 7   Em   B 7

64

PISTA 33

WE THREE KINGS

Tradicional

65

We three kings of Or - i - ent are.   Bear - ing

gifts we trav - el a - far.   West - ward lead - ing,

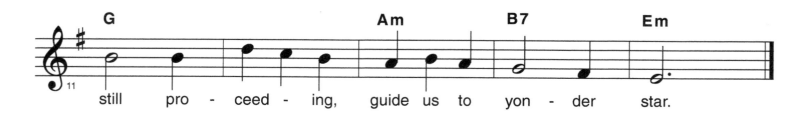

still pro - ceed - ing, guide us to yon - der star.

TONALIDAD DE E

En la guitarra la tonalidad de E suena muy bien. Es ideal para cantar y tocar.

La tonalidad de E tiene cuatro sostenidos, F, C, G y D. Estudia el diagrama adjunto para aprender donde se sitúan las notas de D#.

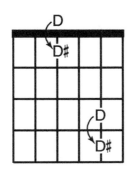

TRESILLOS

Los **tresillos** subdividen una unidad en tres partes en vez de en dos. En las signaturas de  $\frac{4}{4}$ o $\frac{3}{4}$, dos corcheas serán un tiempo, así que un tresillo de corcheas también será un tiempo.

Los tresillos se agrupan junto al número 3. Para medir un tresillo di "tre-si-llo" durante un tiempo de compás. Marca el ritmo con el pie y cuenta en alto:

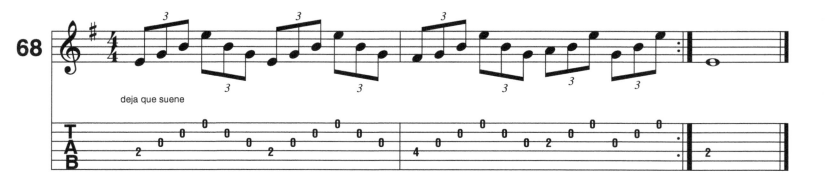

CUENTA: 1   2   tre-si-llo   4   tre-si-llo   tre-si-llo   3   4   1   2   y   tre-si-llo   4

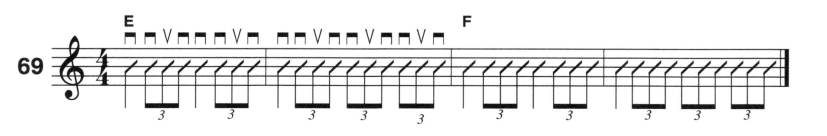

PISTA 36

JESU, JOY OF MAN'S DESIRING - Cantata 147

Bach

BLUES HONDO

También podemos aplicar los tresillos al blues de 12 compases. Toca la siguiente pieza en la segunda posición.

PERDIDO EN EL SHUFFLE

LA ESCALA PENTATÓNICA

Las escalas pentatónicas se utilizan profusamente en muchos estilos musicales que abarcan y desde el blues, rock y country hasta varias músicas del mundo. La escala pentatónica más fácil (escala de 5 notas) para tocar en tu guitarra incluye las notas A, G, B, A y D. Si comienzas a tocar esta escala en E, se denominará **pentatónica menor** en E. Si empiezas a tocar en G (relativa Mayor) se llamará **pentatónica Mayor en G**.

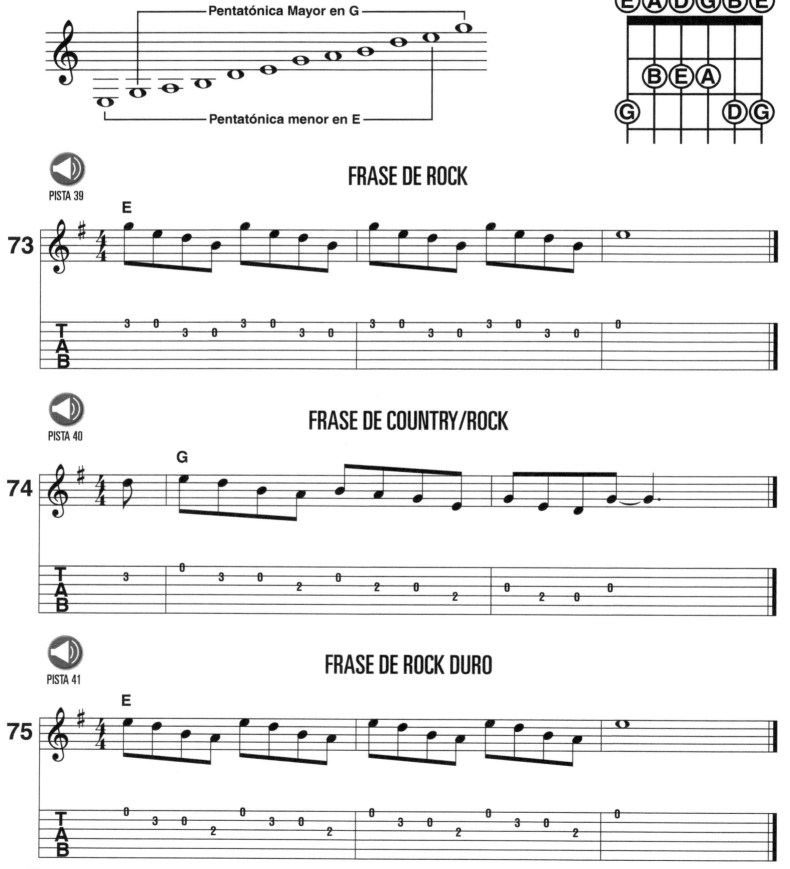

FRASE DE ROCK

FRASE DE COUNTRY/ROCK

FRASE DE ROCK DURO

FRASE DE BLUEGRASS

FRASE DE COUNTRY

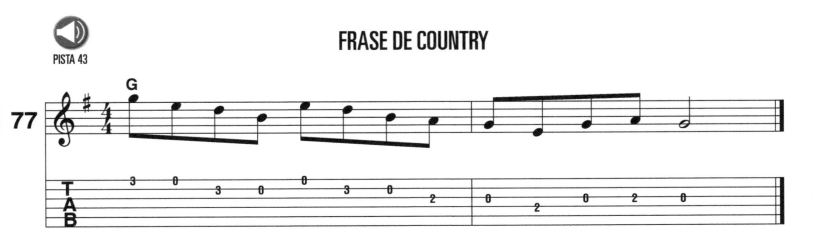

FRASE DE BLUES

FRASE DE ROCK AND ROLL

FRASE DE BLUES/ROCK

GUITARRA SOLISTA CON PENTATONICAS

IMPROVISACION

Toca con la escala pentatónica menor en E que acabas de aprender para desarrollar solos sobre un blues de 12 compases en E. Si no tienes la grabación, intercambia con amigos la parte rítmica y los solos o grábate tocando la parte rítmica y toca los solos sobre ella.

CONSEJOS PARA IMPROVISAR

- **Quédate cerca de casa** – Basa tu solo sobre la Tónica (nombre de la nota) del acorde que se toca.

- **Menos es más** – Elige con cuidado las notas, a veces no es la cantidad sino la calidad.

- **Trabaja con el Ritmo** – Usa las síncopas, tresillos y patrones repetidos que te ayuden a que tus solos sean únicos y distintos.

- **Cuenta una historia** – Deja que tu solo tome forma, con una introducción, un nudo y un final.

JAM ABIERTA

PISTA 48

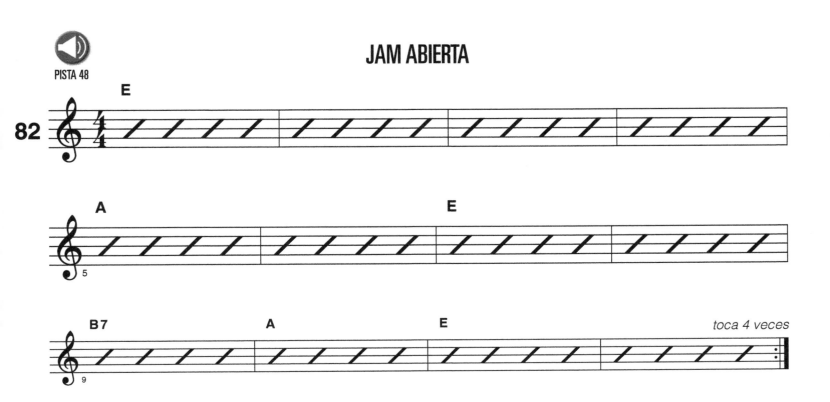

POWER CHORDS MÓVILES

Hasta ahora, has aprendido tres power chords (E5, A5 y D5) que utilizan una cuerda al aire y el primer dedo. Ahora vamos a utilizar el primer y el tercer dedo para componer un power chord que se puede desplazar de forma ascendente o descendente por el diapasón.

Los power chords móviles toman el nombre de la nota donde sitúas el primer dedo. Puedes utilizar las cuerdas 6ª y 5ª como la 5ª y 4ª para tocar estos acordes.

TONICA EN LA SEXTA CUERDA

TONICA EN LA QUINTA CUERDA

Estudia el diapasón de la derecha para identificar la letra de las notas naturales de las cuerdas 6ª y 5ª. Si quieres tocar un acorde C5, localiza la nota C en la 6ª o 5ª cuerda y aplica el diseño del acorde que ves más arriba. Cambia a D5 con sólo ascender 2 trastes. Esa es la lógica que apoya los acordes móviles.

RIFF POP

PISTA 49

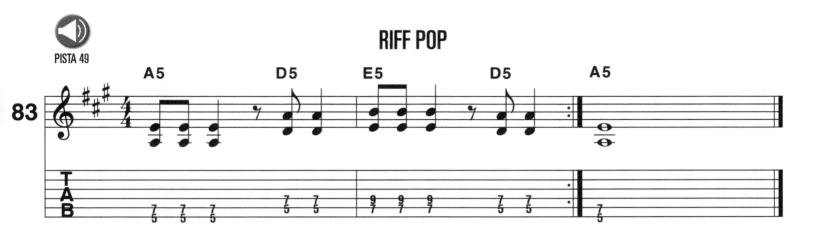

RIFF DE ROCK AÑEJO

PISTA 50

RIFF DE ROCK DURO

PISTA 51

RIFF POP/ROCK

PISTA 52

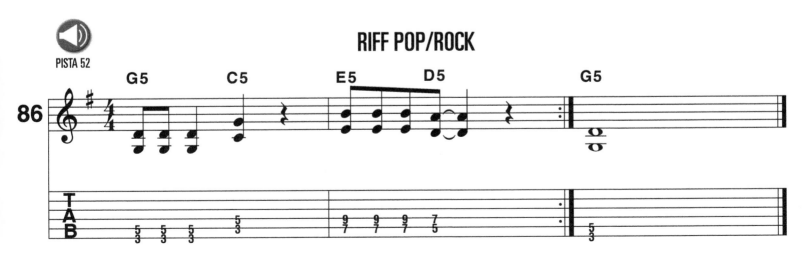

El siguiente ejemplo utiliza tanto power chords móviles como power chords con cuerdas abiertas que aprendiste antes.

Ahora prueba estos dos riffs que mezclan power chords y notas aisladas.

El **palm muting** es una técnica en la que apoyas ligeramente el canto de la mano de la púa sobre las cuerdas y el puente, apagando o "enmudeciendo" las cuerdas mientras tocas. Usa esta técnica cuando veas la abreviatura "P.M." bajo las notas (o entre la partitura y el tabulado).

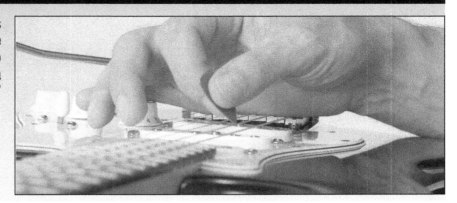

El palm muting suena especialmente bien con los power chords y algo de distorsión en el amplificador. Prueba como suenan los dos ejemplos siguientes.

PISTA 56

GROOVE ENMUDECIDO

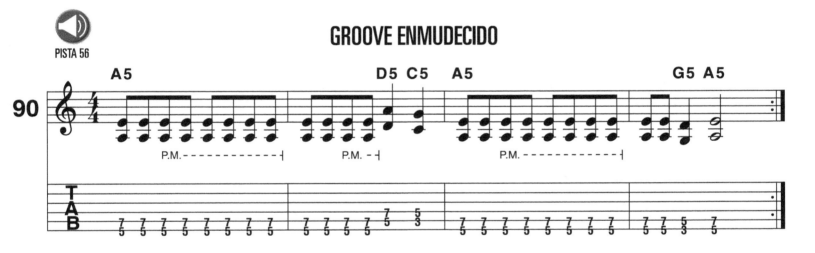

Una **marca de acento** (>) escrita encima o debajo de una nota o acorde indica que se debe tocar esa nota o acorde con más volumen que las otras.

PISTA 57

RITMO ACENTUADO

GRAN FINAL